क्या नाम दूँ?

कवि रजनीश

डायमंड बुक्स

ISBN : 978-93-5083-104-5

प्रकाशकः डायमंड पॉकेट बुक्स (प्रा.) लि.
X-30, ओखला इंडस्ट्रियल एरिया, फेज-II
नई दिल्ली
फोन : 011-40712100
ई-मेल : sales@dpb.in
वेबसाइट : www.diamondbook.in
संस्करण : 2012
मुद्रक : जी.एस. इन्टरप्राइजिज

KYA NAAM DOON

By : Kavi Rajnish

समर्पण

हिंदी जगत के दो महान कवियों
राष्ट्रकवि रामधारी सिंह दिनकर और
हरिवंश राय बच्चन को सादर समर्पित।

प्रवेशिका

कविताएँ मात्र कवि के हृदय की कल्पना, संवेदना, दर्द, वियोग ही नहीं होतीं और न ही कविताओं को कवि के व्यक्तिगत जीवन तक सीमित रखा जा सकता है। यह बात सत्य है कि कवि का हृदय अधिक संवेदनशील होता है। दर्द पर मात्र कवि का अधिकार नहीं है, दर्द किसका सगा है, विश्व के सभी देशों, वर्गों में रहने वाले लोगों में दर्द सर्वनिष्ठ है।

विश्व के सभी देश, समाज आज एक अजीब से दौर से गुजर रहे हैं। सरकारें पहले से ज्यादा भ्रष्ट हैं, लोग सड़कों पर हैं। निश्चय ही लोगों की आमदनी बढ़ी है, पर महंगाई ने उसे मार डाला है। कुछ दशक पहले एक सदस्य की कमाई से पूरा परिवार पल जाता था, आज परिवार का हर सदस्य पुरुष हो या नारी कमाने को मजबूर है।

आज व्यक्ति की सफलता का आकलन उसकी कमाई से होता है। इसके लिए कौन जिम्मेदार है?

व्यक्तिविशेष, उद्योगपति या सरकारें, ये मुझसे बेहतर शायद आप लोग जानते हैं। इस माहौल का सबसे ज्यादा फायदा टेलीविजन और इंटरनेट को हुआ है, आज ये व्यक्ति के जीवन की सम्पूर्णता का बड़ा हिस्सा है।

समाज बदल रहा है और बदलाव के अगले चरण की ओर तेजी से बढ़ रहा है। जब समाज बदलता है तब हर चीज बदलती है, सही-गलत की परिभाषाएं, प्रेम की व्याख्याएं, जीवन की प्राथमिकताएं, बच्चों की परवरिश, बूढ़ों का सम्मान । मनुष्य को भगवान ने अपनी सबसे श्रेष्ठ कृति के रूप में बनाया है लेकिन आज उसकी भावनाएं, इच्छाएं दबती, टूटती, भटकती नज़र आती हैं।

प्रस्तुत पुस्तक कविताओं का संग्रह है जिसमें बदलते रिश्तों, टूटते विश्वास, प्रेम की सच्चाई और जीवन की गहराई की झलक आपको मिलेगी। जब हृदय एक साथ अनेक भावनाओं से उद्वेलित हो, तब उन्हें कोई एक नाम दे पाना बहुत कठिन होता है। इसी असमंजस में हूँ कि एक साथ इतने सारे बदलावों को 'क्या नाम दूँ?'

–कवि रजनीश

क्रम

क्या नाम दूँ ?

क्या नाम दूँ ?

क्या अपना परिचय बतलाऊं
हाथ पर रखा आसमान कैसे दिखलाऊं
अपने अधूरे ज्ञान को
जो बन न पाये उस पहचान को

क्या नाम दूँ ?

अन्याय हुआ है बहुत बड़ा
लेकिन कोई बड़ी बात नहीं
पवित्र गंगा के साथ जो पाप
बह रहे हैं सदियों से, उन्हें

क्या नाम दूँ ?

न्याय मिलेगा, न्याय मिलेगा, धीरज रखो न्याय मिलेगा
देर है अंधेर नहीं, सबकी बारी आयेगी
उम्र जब बीत चुकी हो, आशा आंसू बनकर टूट चुकी हो
तब एकतरफा वार्तालाप को, पत्थर बने भगवान को

क्या नाम दूँ ?

•••

माना तेरा हृदय वेदना से भरा हुआ है

माना तेरा हृदय वेदना से भरा हुआ है
इन रिश्ते–नातों ने तेरे साथ छल किया हुआ है।

फिर भी प्यारे मत रोना
अपना धीरज मत खोना
आँख से आंसू ना टपके
नहीं तो ये जग तुझको कायर समझेगा।

जो स्वयं समझ ना पाये हों
वो तुझे समझाने आ जायेंगे
और तेरे इन अनमोल मोतियों से
अपने लिए हार बना ले जायेंगे।

माना बीच भंवर में मांझी
तुझको नाव में अकेला छोड़ चला
तैरना तुझको नहीं आता
वह तुझको मरने को छोड़ चला।

फिर भी प्यारे मत रोना
अपना धीरज मत खोना
आँख से आंसू ना टपके
नहीं तो ये जग तुझको मूरख समझेगा।

तूने तैरना क्यों ना सीखा ?
तेरी खामियां निकालेगा
जो खुद डूब रहे हैं, तुझे बचाने आ जायेंगे
तुझे डुबा कुछ और पल जिन्दा रह पायेंगे।

तैरना नहीं आता तो क्या, अब भी तैरना सीख ले तू
चीर दे सीना इन लहरों का और हाथों को पतवार बना
देख के तेरे साहस को, ये समंदर भी हर्षित होगा
रास्ता बना देगा तेरा, किनारे तेरे पास ले आयेगा।

मित्र तेरे हितकारी हों या दुखकारी
स्थिति विषम रहे या विषकारी
चाहे जीवन दूभर हो जाये
और एक पग चलना भी संभव ना रह पाये।

फिर भी प्यारे मत रोना
अपना धीरज मत खोना
आँख से आंसू ना टपके
नहीं तो ये जग तेरी हार समझेगा।

इसलिए मेरा कहना मान भी ले
अंतिम रहस्य जीवन का पहचान भी ले
जीवन में कभी मत रोना
जीवन में कभी मत रोना।

●●●

न देव हूँ न दानव हूँ

न देव हूँ न दानव हूँ
मैं बस एक मानव हूँ।

अभिलाषाओं के प्रतिबिम्ब लिये
भू-तल पर फिरता रहता हूँ
न दर्पण हूँ न अर्पण हूँ
किन्तु आत्मसमर्पण हूँ।

न देव हूँ न दानव हूँ
मैं बस एक मानव हूँ।

गलत सही से दूर कहीं
मैं भाषा स्वयं बनाता हूँ
नवीनता का खोजी मैं
आगे बढ़ता जाता हूँ।

न देव हूँ न दानव हूँ
मैं बस एक मानव हूँ।

अब तक जो भी गलत हुआ
अपराध न मेरे सर रखना
आकर्षण था वो तृष्णा का
भला मैं कहाँ अपराधी हूँ।

न देव हूँ न दानव हूँ
मैं बस एक मानव हूँ।

उपकार नहीं करता मैं किसी पर
मूल्य चुकाना पड़ता है
उस देव से ज्यादा बेहतर हूँ
जिसके समक्ष शीश झुकाना पड़ता है।

न देव हूँ न दानव हूँ
मैं बस एक मानव हूँ।

क्षमाशील मुझ-सा कहाँ मिलेगा तुमको
विश्वास करता हूँ और धोखा खाता हूँ
उस दयाविहीन दानव से बेहतर हूँ
जिसके क्रुद्ध होते ही जीवन गंवाना पड़ता है।

न देव हूँ न दानव हूँ
मैं बस एक मानव हूँ।

●●●

दु:ख कौन बाँटेगा?

दु:ख कौन बाँटेगा?

जब सुख था पास मेरे
सब अपना हिस्सा मांगने आये थे
अब जब मेरी राह में कांटे हैं
उन्हें कौन छाँटेगा,
दु:ख कौन बाँटेगा?

अपनी मर्जी से कौन आता है यहाँ
कर्म खींच कर लाते हैं
जो पाप किये थे हमने पहले
हम न काटेंगे तो भला कौन काटेगा,
दु:ख कौन बाँटेगा?

सजा अधूरी रह गयी अगर, तो फिर आना होगा
इस बार जो आंसू बहाया है, फिर बहाना होगा
दु:ख बाँटने से कम न होगा
किसी को डांटने से कम न होगा
माँ बाप के सिवा
विधाता का लिखा, भला कौन काटेगा,
दु:ख कौन बाँटेगा?

•••

वो है दीवाना

वो है दीवाना
जग जिससे
जो जग से हो अनजाना
यश की जिसको चाह न हो
अपयश की परवाह न हो
जिसने प्रसिद्धि का संकल्प
न हो ठाना
वो है दीवाना।

दुर्भाग्य जिसे सताता हो
आशीर्वाद, श्राप बनकर आता हो
जीवन-भर जो जलता जाये
हँस-हँस कर मरता जाये
जान सभी जो अनजान रहे
होने दे जो होता रहे
जब अड़ जाये तब अड़ जाये
बिखरा दे बड़े-बड़ों का ताना-बाना
वो है दीवाना।

एक बार शमां में जलकर
जो मर जाये
वो है परवाना
बार-बार शमां में जलकर
जो और निखरता जाये
वो है दीवाना।

जो नहीं कोसता आकर्षण को
प्रेम में जिसके ईश्वर बसता है
प्रकृति के हथियार हैं ये
इनके बिना कहाँ जीवन चलता है
दुनिया का सबसे अच्छा इन्सान है वो
जिसे न पड़े बाद में पछताना
वो है दीवाना।

•••

ये प्रेम क्या है?

ये प्रेम क्या है?
है आकर्षण दो विपरीत ध्रुवों का
या मन में पनपते सूत्र हैं ये काम के
आकर्षण से पैदा हुई कोई पीड़ा है
या तपस्वी का ध्यान है
नहीं दिखता कुछ भी,
मन पे छाया ये अंधेर क्या है?
ये प्रेम क्या है?

प्रकृति का दिया उपहार है
या कोई सामाजिक अपराध है
मुश्किलों से मिला कोई वरदान है
या देव प्रतिमा पर पड़े फूलों-सा बेजान है
अखिल सृष्टि पर छाया ये अखिलेश क्या है?
ये प्रेम क्या है?

आँखों में बसी प्रेमी की प्रतिमा है
या स्वयं का ही स्वयं के मन में कारावास है
भ्रमण योग्य कोई तीर्थस्थल है
या किसी अछूत का छोड़ा हुआ प्रसाद है
छोटे से इस संन्यासी का असली वेश क्या है?
ये प्रेम क्या है?

•••

वासना पर जीत जरूरी है

वासना पर जीत जरूरी है, वरना हर जीत अधूरी है

ये तुम्हारी अच्छाई की दुश्मन सबसे बड़ी है
वासना हाथों में काली स्याही ले के खड़ी है।
वासना से हारने वाले कभी महान नहीं होते
बैठे-बिठाये किसी के बड़े नाम नहीं होते।
इतिहास गवाह है, महानता की वासना से दूरी है
वासना पर जीत जरूरी है, वरना हर जीत अधूरी है।

हराकर देखो इसे, अच्छा लगेगा
ये तुम्हें तड़पाती है, जब ये तड़पेगी, अच्छा लगेगा।
जीत लोगे जब इसे, तब हर तरफ तुम्हारा नाम होगा
रुग्णता को जीतने से ही, रोग का निदान होगा।
क्यूँ नहीं छोड़ते इसे, ऐसी भी क्या मजबूरी है
वासना पर जीत जरूरी है, वरना हर जीत अधूरी है।

●●●

अहसास

ज़ख्म ही नहीं होते अकेले, जो दर्द दे के जाते हैं
कभी-कभी अहसास भी निशान छोड़ जाते हैं।
प्यारी-सी याद कोई जब दिल से होके गुजर जाती है
तब चेहरे पे चमक और होंठों पे हँसी आ जाती है।
किसी की हाँ का इंतजार जब दिन-रात होता है
तन्हाई में दिल तब जी-भर के रोता है।
ये प्यार ही तो है जो अपनों से भरी इस दुनिया में भी
हमें अकेला छोड़ देता है।

●●●

क्या तब भी प्यार करोगे?

क्या तब भी प्यार करोगे?

प्रिय रूप-रंग की नगरी को
सब देखने आते हैं
खंडहर मेरी जवानी के
जब मिट्टी में दफनाये जायेंगे
अपने पवित्र प्यार के फूलों से
क्या तब भी मेरा श्रृंगार करोगे?

क्या तब भी प्यार करोगे?

फुरसत के लम्हे
अब कहाँ किसी को मिलते हैं
संघर्ष बना हो जब जीवन तेरा
और पैर धूप से जलते हों
मलय पेड़ की ठण्डक-सा
क्या तब भी मुझको याद करोगे?

क्या तब भी प्यार करोगे?

चाहत से ही पैदा होता, चाहत से ही मर जाता है
ये प्यार अनोखा जटिल बड़ा है
जीवन-भर कहाँ समझ में आता है
लिप्त लालसा-सा मन मेरा जूठन खाता जाता है
जब लोग कहेंगे तुमसे सारी बातें
क्या तब भी मेरा एतबार करोगे

क्या तब भी प्यार करोगे?

●●●

गरीबी

उसे गरीबी कहते हैं
जो अपराध को जन्म देती है
किसी भी हद तक मजबूर कर देती है
फलक की माँ दो लाख रुपये में बिक जाती है
जब फलक, एम्स में दिन-रात मौत से लड़ाई लड़ती है
उसे गरीबी कहते हैं।

कौन मिटायेगा ये गरीबी
सरकार? जो भरी पड़ी है अपराधियों से
हम और आप जो खुद गुलाम हैं
छोटी-छोटी-सी नौकरियों के
इन्सान के मुंह से जब सिर्फ
हाँ...हाँ और हाँ निकलता है
उसे गरीबी कहते हैं।

क्या ऐसा भी कोई दिन आयेगा कभी
भगवान, मेरे इस भारत में
जब फलक को हैवानियत नहीं नोंच पायेगी
नारी की देह बिकने से बच जायेगी
जब सवाल ही सवाल हों जिन्दगी में
कोई जवाब न हो
उसे गरीबी कहते हैं।

•••

धरती पर आ के देख

धरती पर आ के देख जरा, ओ धरती को बनाने वाले
लूट लिया सब पापियों ने, ओ पुण्य बनाने वाले।
कीड़े-मकौड़ों से बदतर जिन्दगी, इन्सान यहाँ पर जीते हैं
जो मान रहे हैं तुझको अब भी, वो घूंट जहर के पीते हैं।

धरती पर आ के देख जरा, ओ धरती को बनाने वाले
लूट लिया सब पापियों ने, ओ पुण्य बनाने वाले।

मेहनत का हक यहाँ मर जाता है
बेईमान मवेशी राजा बन जाता है।
असहाय चीखें जो निकल रही हैं, क्या तुझे सुनाई नहीं देतीं
गरीबों के पेट पर पड़ती लातें, क्या तुझे दिखाई नहीं देतीं।

धरती पर आ के देख जरा, ओ धरती को बनाने वाले
लूट लिया सब पापियों ने, ओ पुण्य बनाने वाले।

न्याय कहाँ पर है तेरा, दया धर्म कहाँ पर है?
रावण को जिसने मारा था, वो राम कहाँ पर है?
कहाँ गया वो किशन-कन्हैया, जो चक्र घुमाया करता था
द्रौपदी को नंगा करने वालों को, महाभारत में मरवाया करता था।

तू जिन्दा है या मर गया, जिन्दा है अगर तो
धरती पर आ के देख जरा, ओ धरती को बनाने वाले
लूट लिया सब पापियों ने, ओ पुण्य बनाने वाले।

•••

बाबुल जब तेरा अंगना छूटेगा

बाबुल जब तेरा अंगना छूटेगा
फुर्सत के लम्हे कम मिलेंगे
खुशियों की राह पर गम मिलेंगे
वो बेफिक्री जो तूने दी थी, कब मेरे हिस्से में आयेगी
उम्मीदों का बोझ ढोते तेरी नन्ही कली थक जायेगी
जवानी की राह पर बचपन रूठेगा
बुढ़ापा बनकर जिन्दगी का ख्वाब टूटेगा
बाबुल जब तेरा अंगना छूटेगा।

पति परमेश्वर, बच्चे जीवन
है इनके बिना जीवन में अधूरापन
कहते हैं भगवान से आगे कुछ भी नहीं
तू दिखता है मुझको खड़ा हुआ भगवान से आगे
जो देता रहा जीवन-भर, मैंने माँगा या न माँगा
किसकी औकात है धरती को कुछ देने की
उससे तो हर कोई कुछ-न-कुछ लूटेगा
बाबुल जब तेरा अंगना छूटेगा।

•••

क्यूँ दीया जलाये बैठे हो?

क्यूँ रात में दीया जलाये बैठे हो?
साथी तेरे मंजिल तक पहुँच चुके
सफलता, यश का सुख भोग चुके
तुम पुजारी जड़ता के
क्यूँ जमे-जमाये बैठे हो?
क्यूँ रात में दीया जलाये बैठे हो?

सफलता, यश का स्वार्थ नहीं है मुझको
खुद को साबित करने की चाह नहीं है मुझको
कोई पथिक रास्ता भटक न जाये
सफलता से बिछड़ न जाये
दिनकर नहीं रजनीश नहीं बृहस्पति बना बैठा हूँ
इसलिए रात में दीया जलाये बैठा हूँ।

●●●

असफलता नहीं तुम्हारी

असफलता नहीं तुम्हारी जो तुमको मधु मिल न सका
शोक मनाना उचित नहीं जो सपना पूरा हो न सका।

रंग-बिरंगे फूल खिले हों जब एक छोटे से उपवन में
भंवरे मधुमक्खियाँ पहुँच जाते मधुर रस की खोज में
बड़ा ख्याल रखता माली अपने उपवन का
कीट-पतंगे स्रोत हैं फूलों के प्रजनन का।

कीट-पतंगे इन्सान नहीं, हम जितने हैवान नहीं
बारी-बारी ये फूलों पर मंडराते अपनी भूख मिटाते
इंसानों की इस बस्ती में खेल अजीब ही चलता है
जो रस चूस रहा है वो नहीं हटेगा
परवाह नहीं कोई भूखों मरेगा।

मूर्खता होगी जो भूखे कीट-पतंगे, असल में नंगे
दया न्याय की गुहार लगा माली तक जा पहुँचे
मुंडी घुमा के देख, नज़र गड़ा के देख
प्रकृति ने और भी उपवन खिलाये हैं
कोई भूखा न रह जाये सारे इंतजाम कराये हैं।

जा पहुँच उस उपवन में
फूलों का बाँझपन जहाँ सरदर्द बना है माली का
स्वागत करता प्यारे मेहनती कीट-पतंगों का

असफलता नहीं तुम्हारी जो तुमको मधु मिल न सका
शोक मनाना उचित नहीं जो सपना पूरा हो न सका।

•••

मुझको गलत न समझो

मेरी मजबूरियों को मेरी दिल्लगी न समझो
समझाना है जो भी समझो पर मुझको गलत न समझो।
न मेरी मर्जी है न मेरा फैसला है
साथ लेकर चला हूँ जिन्दगी से जो मिला है।

मेरी मजबूरियों को मेरी दिल्लगी न समझो
समझाना है जो भी समझो पर मुझको गलत न समझो।

जिन्दगी के हर दर्द ने मुझको हँसना सिखाया
जिससे भागते हैं लोग, उस बदकिस्मती से कब मैंने अपना पीछा छुड़ाया
जिन दुखों में रो पड़ती है दुनिया मैं हँसता और गाता हूँ
ये खुद से अजीब-सी सख्ती है मेरी
इसे मेरी दिल्लगी न समझो।

मेरी मजबूरियों को मेरी दिल्लगी न समझो
समझाना है जो भी समझो पर मुझको गलत न समझो।

●●●

मुझसे देखा न गया

मुझसे देखा न गया
सच हार गया आज झूठ जीत गया।

तालियों की गड़गड़ाहट के बीच
झूठ सम्मान पा रहा था
और सच बेचारा
सुबक-सुबक के रो रहा था

मुझसे देखा न गया
सच हार गया आज झूठ जीत गया।

मन किया कि आग लगा दूँ उन किताबों को
जिनमें लिखा है कि सच की जीत होती है
आपका भी करता होगा ऐसी परिस्थितियों में
सच को यूँ बदनाम होते हुए

मुझसे देखा न गया
सच हार गया आज झूठ जीत गया।

सच खामोश था और झूठ चिल्ला रहा था
चेहरे पर बड़े शालीनता के भाव सजा रहा था
क्या ताली बजाने वाले जानते थे सच और झूठ की हकीकत?
पता नहीं, पर सच को इतनी आसानी से हारते हुए

मुझसे देखा न गया
सच हार गया आज झूठ जीत गया।

●●●

टूटता हुआ तारा

यूँ तो टूटता हुआ तारा देखना सबको अच्छा लगता है
पर क्या कभी तारे से पूछा उसे कैसा लगता है?

जिस ऊंचाई को पाने में लग गयी थी जिन्दगी
अगर आप उससे नीचे गिरने लगें
आपके अवशेष धरती तक पहुंचें या
रास्ते में ही राख हो जायें
इससे आपको क्या?

आपको तो हर्ष होना चाहिये
कि टूटते हुए तारे को देखकर
लोगों को जो आनंद प्राप्त होता है
आप भी उन्हें वो दे सके।

यूँ तो टूटता हुआ तारा देखना सबको अच्छा लगता है
पर क्या कभी तारे से पूछा उसे कैसा लगता है?

उठने से अच्छा तो गिरना है
और गिरने से अच्छा कुछ भी नहीं
एक-एक पग उठने में कितना समय लगता है
और गिरने में कुछ भी नहीं।

यूँ तो टूटता हुआ तारा देखना सबको अच्छा लगता है
पर क्या कभी तारे से पूछा उसे कैसा लगता है?

अगर आपका गिरना आप पर निर्भर न होकर
मात्र गिराने वाले की दया पर निर्भर करे
तो आप व्यथित क्यों? इंतजार कैसा
धन्यवाद दें उस गिराने वाले को
जो आपको जमीन से जोड़ने को इतना तत्पर है।

यूँ तो टूटता हुआ तारा देखना सबको अच्छा लगता है
पर क्या कभी तारे से पूछा उसे कैसा लगता है?

अगर आज समाज उस गिराने वाले को
अपराधी घोषित भी कर दे
और आपको अपनी सहानुभूति का काढ़ा पिलाये
तो इसमें नया क्या है? इससे हासिल क्या है?
हकीकत तो यही है कि

टूटता हुआ तारा देखना सबको अच्छा लगता है
टूटता हुआ तारा देखना सबको अच्छा लगता है।

•••

पल-भर में न जाने क्यूँ

पल-भर में न जाने क्यूँ
अपने भी बेगाने हो जाते हैं।
कसमें खाते हैं जो संग जीने-मरने की
बीच सफर में हाथ छोड़ चले जाते हैं।

पल-भर में न जाने क्यूँ
अपने भी बेगाने हो जाते हैं।

एक-दूसरे से भारी-भरकम अपेक्षाएँ
हम लगाये रहते हैं
हर व्यक्ति निज की सीमाओं से बंधा हुआ है
बस यही नहीं समझ पाते हैं।

पल-भर में न जाने क्यूँ
अपने भी बेगाने हो जाते हैं।

अपेक्षाओं से उपेक्षित होकर भी
हृदय अपेक्षा रखता है
सपने और सच्चाई
बनते और टूटते जाते हैं।

पल-भर में न जाने क्यूँ
अपने भी बेगाने हो जाते हैं।

●●●

उस रात की नींद

उस रात तो नींद न आती होगी
जब पता चलता होगा कि
तुम न नर हो न नारी
तुम क्या हो?

आँखों से आँसू रुकते नहीं होंगे
गला फट जाता होगा रोते-रोते
और भगवान के लिए सिर्फ निकलती होगी गाली
आखिर मैं ही क्यों?

उस रात तो नींद न आती होगी

मरने का ख्याल तुरन्त आता होगा
मम्मी-पापा समझाते होंगे
आकर्षण जो उपहार है
प्रकृति का नर नारी पर
तुमको भी होता होगा
या नज़र सिर्फ शर्म से झुक जाती होगी।

उस रात तो नींद न आती होगी

हर जगह से तुमको दुत्कारा जाता है
हिजड़ा कब समाज में आदर पाता है?
फिर भी तुम जिंदा रहते हो
बड़ी बात है
वरना यहाँ तो लोग छोटी-छोटी बातों के लिए
आत्महत्या कर लेते हैं।

•••

बेरुखी जिन्दगी की

बेरुखी जिन्दगी की अब सही नहीं जाती
हर नाकामी पर हमने खुद को हौसला बंधाया
दिल को अब और झूठी तस्सली दी नहीं जाती
बेरुखी जिन्दगी की अब सही नहीं जाती।

उम्र-भर हमने पत्थरों को पूजा
हमसे अब ये इबादत की नहीं जाती
बेरुखी जिन्दगी की अब सही नहीं जाती।

भूखा है इन्सान मोहब्बत का शायद
ये भूख अब हमसे भी सही नहीं जाती
बेरुखी जिन्दगी की अब सही नहीं जाती।

खामोशियों से हमने अपनी खुशियों का गला घोंटा
अपनी बेगुनाह चाहतों को अब हमसे सजा दी नहीं जाती
बेरुखी जिन्दगी की अब सही नहीं जाती।

चन्द रोज बचे हैं अब मौत के शायद
होंठों पर अब झूठी हंसी नहीं आती
बेरुखी जिन्दगी की अब सही नहीं जाती।

●●●

है सब कुछ पास मेरे

है सब कुछ पास मेरे
फिर भी न जाने क्या कमी-सी है?
दिल में दर्द नहीं
तो फिर आँखों में नमी-सी क्यों है?

जिन्दगी के खेल भी कुछ अजीब से हैं
किसी को चाहकर भी न पाना
तो किसी को चाहना
बेबसी क्यों है?

है सब कुछ पास मेरे
फिर भी न जाने क्या कमी-सी है?
दिल में दर्द नहीं
तो फिर आँखों में नमी-सी क्यों है?

इस शहर में इजहारे मोहब्बत का
दस्तूर बड़ा अजीब है
बिना दीवारों खिड़की की इमारत है
खंडहर है जो किसी के अरमानों का
उसे देखने आयी लोगों की नुमाइश क्यों है?

है सब कुछ पास मेरे
फिर भी न जाने क्या कमी-सी है?
दिल में दर्द नहीं
तो फिर आँखों में नमी-सी क्यों है?

•••

फूल के सपने

माली के बाग में खिला था एक फूल
वो फूल कुछ विशेष था
क्योंकि वो सबसे सुंदर था।

मन–ही–मन फूल सपने संजो रहा था
देव प्रतिमा पर चढ़ाया जाऊंगा
इस जग का नमन पाऊंगा
या किसी नवविवाहिता की माला में सजकर
भव्यता के उन पलों को अपनी आकर्षकता से महकाऊँगा।

माली के बाग का वह फूल शायद रहा था भूल
कि फूल के अपने सपने नहीं होते
उसको बिक जाना होता है उस ग्राहक के हाथ
जो माली को उसके अधिक दाम दे सके।

इस फूल के साथ भी कुछ ऐसा ही हुआ
एक दिन अपने शराबी पिता की शवयात्रा के लिए
एक पुत्र कुछ फूलों की खोज में था
उसकी नज़र इस फूल पर पड़ गयी
इस फूल की खूबसूरती उसे जंच गयी
उसने फूल को खरीद लिया।

फूल चिल्लाया मुझे बचाओ
उस शव से दुर्गन्ध आ रही है

मुझे उल्टी आ जायेगी
जब शव जलेगा अग्नि कुछ ही पलों में
मुझे भी जला देगी।

माली ये सब न सुन सका
क्योंकि फूल के शब्द नहीं होते
फूल को शवयात्रा में जाना पड़ा
शव के साथ जलना पड़ा।

शव की हड्डियाँ गंगाजी में मुक्ति पाने ले जाई गयीं
और राख को एक किसान ले गया
उस राख को उसने अपने खेतों में बिखेर दिया
जिनसे वो अन्न उगाता था

अन्न जो हमें जीवन देता है
वो फूल कहीं-न-कहीं उसमें जीवित था।

आज वो फूल बहुत संतुष्ट है
सोचता है अगर किसी देव पर चढ़ाया जाता
या किसी नवविवाहिता की माला में स्थान पाता
तो कुछ समय पश्चात् क्या गटर में न बहाया जाता
जहाँ मैं उस सड़ी लाश से भी ज्यादा दुर्गंधित हो जाता।

शुक्र है प्रभु तूने मुझे इससे बचा लिया
और जीवन देने वाले अन्न का हिस्सा बना दिया।

●●●

रिश्ते शायद ऐसे ही होते हैं

रिश्ते शायद ऐसे ही होते हैं

गहरे होते जाते हैं कभी
समंदर की उस सीप की तरह
जो मोती के साथ
जीवन की सम्पूर्णता को जीती है

और कभी उस नौसिखिये तैराक की तरह
जो समंदर में दो चार हाथ-पैर मारकर ही
नाव पर वापिस चला आये
और फिर समंदर में बितायी
उस छोटी-सी जिन्दगी को
अपने जहन में अलग-अलग नाम दे

रिश्ते शायद ऐसे ही होते हैं।

कभी उस कोरे कागज की तरह
जिस पर जो चाहे लिख लो
और कभी उस रंगीन कपड़े की तरह
जिस पर कोई रंग न चढ़ाया जा सके

रिश्ते शायद ऐसे ही होते हैं।

कभी आँखों के सामने की उस हकीकत की तरह
जो मंदिर की मूर्ति से भी सच्ची हो
और कभी पीठ पीछे की उस अदृश्यता की तरह
कि अमावस के अँधेरे में हर कदम पर
ठोकरें खाने का डर हो

रिश्ते शायद ऐसे ही होते हैं।

●●●

एक बूढ़ा आज मरने चला है

एक बूढ़ा आज मरने चला है
किसके लिए वह यह सब करने चला है?

हम जो मर चुके हैं कभी के
जिन्दा हैं सिर्फ कि कोई हमें नोंच के खा सके
वह भेड़ियों को रोकने निकला है।

एक बूढा आज मरने चला है
किसके लिए वह यह सब करने चला है

खून कैसे खौलेगा हमारा वो तो बीयर का पानी है
देश के जो काम आ सके ऐसी कहाँ हमारी जवानी है
हम जो गुलाम हैं नौकरियों और छोकरियों के
वो हममे भगत सिंह ढूढ़ने चला है।

एक बूढ़ा आज मरने चला है
किसके लिए वह यह सब करने चला है?

•••

मेरे टूटे हुए दिल में कोई रहने आया है

मेरे टूटे हुए दिल में कोई रहने आया है
कहता है मेरे जख्मों की दवा लाया है।

ये जख्म जो मिले हैं हमको किसी खुशनसीब से
वो कहता है वो उनको भूलाने आया है
मेरे टूटे हुए दिल में कोई रहने आया है
कहता है मेरे जख्मों की दवा लाया है।

परवाने का मुकद्दर है जलना और शमां की तकदीर है रोशनी
परवाने की फिक्र किसको है
वो एक शमां बुझाकर दूसरी जलाने आया है।

मेरे टूटे हुए दिल में कोई रहने आया है
कहता है मेरे जख्मों की दवा लाया है।

●●●

भीड़ भागी जा रही थी

भीड़ भागी जा रही थी
मैं ही पीछे रह गया।

भाग रही थी भीड़ खुद को
भीड़ से अलग करने को
मैं भाग रहा था पीछे
खुद भीड़ में खो जाने को।

भीड़ भागी जा रही थी
मैं ही पीछे रह गया।

भीड़ खुद से भागती है
और फिर एक भीड़ बन जाती है
भीड़ इतना क्यूँ भागती है
न जाने क्या-क्या उजाड़ती है?

भीड़ भागी जा रही थी
मैं ही पीछे रह गया।

भीड़ से अलग होकर भी ये भीड़ क्या पा जाएगी
सुना है चाँद पर बस्ती बसाई जाएगी
भीड़ से अलग था वो जो पहली बार पहुंचा था वहां
अब भीड़ का हिस्सा ही तो हैं बारी-बारी जाने वाले वहां।

भीड़ भागी जा रही थी
मैं ही पीछे रह गया।

•••

गिले-शिकवे

गिले-शिकवे आज भी हैं
तुमको मुझसे, मुझको तुमसे।

इत्तेफाक से जो हम मिल गए थे
मोहब्बत की राह पर, कदमबाज हो चले थे
इस कदो-काविश के शिकवे आज भी हैं
तुमको मुझसे, मुझको तुमसे।

जुनून ऐ मोहब्बत था जो पल दो पल का
फ़ुरसतों से जीया हमने ये दौर जिन्दगी का
इस मग्बूनीयत के शिकवे आज भी हैं
तुमको मुझसे, मुझको तुमसे।

मोहब्बत फैज है या फैले लाजिम
जो भी है, है चीज बड़ी जालिम
इस फैले नाकिस के रंज आज भी हैं
तुमको मुझसे, मुझको तुमसे।

गिले-शिकवे आज भी हैं
तुमको मुझसे, मुझको तुमसे।

●●●

कुछ लोग चुराने आये हैं

कुछ लोग चुराने आये हैं
मुझसे मेरी बातें
जो भूल चुका मैं
वो बीती रातें।

कुछ लोग चुराने आये हैं
मुझसे मेरी बातें
पीछा करते हरपल
जाने क्या जानना है उनको
क्यूँ बिछाये बैठे हैं शतरंज की बीसातें।

कुछ लोग चुराने आये हैं
मुझसे मेरी बातें
जानना है तो पूछो मुझसे
जिजीविषा 'जीने की इच्छा' क्यूँ शांत हुई
कैसे गला घोंट गई धोखेबाजों की सौगातें

कुछ लोग चुराने आये हैं
मुझसे मेरी बातें
चला जायेगा शायर एक दिन
गुमनामी में जीकर
और तुम करते रहना तहकीकातें

कुछ लोग चुराने आये हैं
मुझसे मेरी बातें

●●●

कौन खुश रहा?

एक बूंद को कोई तरस रहा
कहीं पानी बाढ़ जितना बरस रहा
मर जायेंगे जब दोनों
पूछना कौन खुश रहा?

जो मरा है डूब के बाढ़ में
झट से मर गया, तैरना नहीं आता था
और दोष गया पानी को।

जो मरा है प्यास से
तरसता रहा, रोता रहा
और दोष गया पानी को।

एक बूंद को कोई तरस रहा
कहीं पानी बाढ़ जितना बरस रहा
मर जायेंगे जब दोनों
पूछना कौन खुश रहा?

●●●

आज फिर तेरे शहर में आया हूँ

आज फिर तेरे शहर में आया हूँ
तेरे दीदार की जुस्तजू लाया हूँ।

तुम हुस्ने मुजस्सम हो
और मैं तेरा दीवाना
अपने खुदा की चाह में
सब छोड़ आया हूँ।

आज फिर तेरे शहर में आया हूँ
तेरे दीदार की जुस्तजू लाया हूँ।

हुस्ने महफ़िल हो तुम
और आशिकों का मेला लगा है
पहचानना है तो पहचान लेना मुझको
अपनी खामोशियों को अपने साथ लाया हूँ।

आज फिर तेरे शहर में आया हूँ
तेरे दीदार की जुस्तजू लाया हूँ।

●●●

पिया मैं कितनी सुन्दर ?

तुम पूछो पिया मैं कितनी सुन्दर?
मैं समझूँ प्रिये तुम सबसे सुन्दर।

फूल नहीं कोई तुझ-सा प्यारा
है कोई आसमान में तुझ-सा तारा
उपमा तेरी ढूँढ़ने जाता हूँ
निराशा ही पाता हूँ।

तुम पूछो पिया मैं कितनी सुन्दर?
मैं समझूँ प्रिये तुम सबसे सुन्दर।

बदली संग पवन के उड़ जाती
तितली फूलों पर मंडराती
तुम मुग्धा त्याग चुकी
क्रोध वासना क्षुधा।

तुम पूछो पिया मैं कितनी सुन्दर?
मैं समझूँ प्रिये तुम सबसे सुन्दर।

सम्मानों में प्रेम जताता
अपमानों में घृणा दिखाता
जग जब-जब भी मुझको दुःख पहुँचाता
प्रेम तुम्हारा मुझको आशावान बनाता।

तुम पूछो पिया मैं कितनी सुन्दर?
मैं समझूँ प्रिये तुम सबसे सुन्दर।

●●●

जगत जननी तुम महान हो

जगत जननी तुम महान हो
ईश्वर का वरदान हो

तुम स्वप्न पुरुष का
प्रसन्नता की उत्पत्ति हो
तपस्विन-सी बनी तुम
यौवन का प्रशंसागान हो।

जगत जननी तुम महान हो
ईश्वर का वरदान हो।

पुरुष तुम्हें कब जाना?
कब तेरे भावों को पहचाना
ज्ञानी होकर भी अज्ञानी है
तुम जानबूझकर नादान हो।

जगत जननी तुम महान हो
ईश्वर का वरदान हो।

वो जो घर-बार छोड़कर
संन्यासी बन बैठे हैं
उनके अपराधों का
तुम क्षमादान हो।

जगत जननी तुम महान हो
ईश्वर का वरदान हो।

तुम प्राण हो बच्चों के बचपन का
उत्साह हो इस लम्बे से जीवन का
तुम परिवर्तन हो, हर रंग में रंग जाती हो
दुखों को सहकर भी हर्षप्रधान हो।

जगत जननी तुम महान हो
ईश्वर का वरदान हो।

दुर्दिन में त्याग बन तुम घर को बचाती हो
पवित्रता में पुरुष की श्रेष्ठता को झुठलाती हो
तुम जो कहती हो वो कर दिखाती हो
घर आँगन हो या झांसी का रण मैदान हो।

जगत जननी तुम महान हो
ईश्वर का वरदान हो।

●●●

जिन्दगी जिन्हें रुलाती रही

जिन्दगी जिन्हें रुलाती रही आज तक
अपनों ने नहीं अपनाया आज तक
पल-पल ठोकरें और तिरस्कार ही मिलता रहा जीवन-भर
असफलता जिनकी सच्ची मित्र हो

कितने भाग्यशाली होते हैं ये लोग
क्योंकि इन्हें ही जिन्दगी ने अपना सही रूप दिखाया

दु:ख में जो आनंद है वो सुख में कहाँ ?
सुख में ठहराव नहीं
एक को पाकर दूसरे की इच्छा करती है
जबकि दु:ख कितना घनिष्ठ है
एक को पाकर दूसरे की इच्छा ही नहीं करती

कितने भाग्यशाली होते हैं वो लोग
जो एक साथ कई-कई दुखों से दोस्ती किये हुए हैं
जिन्दगी तो इनके और भी करीब है

ऐसे लोगों को जब मैं हँसते हुए देखता हूँ
तो लगता है मानो यज्ञ की अग्नि से पवित्र सुगंध आ रही हो
ऐसे लोगों को जब मैं जीतते हुए देखता हूँ
तो लगता है मानो आज कर्ण ने अर्जुन को जीत लिया हो

•••

बच्चों ने माँ के दामन पर हाथ लगाया है

वक्त बुरा आया है, वक्त बुरा आया है
बच्चों ने माँ के दामन पर हाथ लगाया है।

पैसे लूट लिए है माँ के सारे
और खुद चौधरी बन बैठे हैं
लूट रहे हैं देश को ऐसे
मानो उनके दादा की जागीर हो
भूल गए उन वीरों को
देश के लिए जिन्होंने जीवन गंवाया है।

वक्त बुरा आया है, वक्त बुरा आया है
बच्चों ने माँ के दामन पर हाथ लगाया है।

पागल नहीं थे वो जो देश के लिए मर-मिटे थे
देश अगर आजाद न होता वीरों की कुर्बानी से
औकात तुम्हारी ज्यादा न थी
अंग्रेजों के तलवे चाटने वाले कुत्तों से
वतन को धोखा दिया है वतन के रखवालों ने
लूट लिया है माँ को उसके पालनहारों ने।

वक्त बुरा आया है, वक्त बुरा आया है
बच्चों ने माँ के दामन पर हाथ लगाया है।

सारा जग बिजनेस मैन बना है
एक-दूसरे को लूटने का प्लैन बना है
पैसा कमाकर खुद को साबित करना
यह कैसा अजीब-सा दौर चला है।

निर्धन रहकर मर गए तो क्या
वो वीर आज भी जिन्दा हैं
जिनकी बरसी पर मेले लगते हैं
और देशभक्त कवि रोता है।

वक्त बुरा आया है, वक्त बुरा आया है
बच्चों ने माँ के दामन पर हाथ लगाया है।

गद्दार वतन के मरेंगे जब
लोग रोने नहीं आयेंगे
काले धन की अरथी पर
कुछ कौए मंडराएंगे।

वक्त बुरा आया है, वक्त बुरा आया है
बच्चों ने माँ के दामन पर हाथ लगाया है।

●●●

कह भी दो के प्यार है

कह भी दो के प्यार है।

इंतजार है जिसका बरसों से
एक बात है अधूरी अरसों से
उसको आज पूरा कर दो
दिल सुनने को बेकरार है
कह भी दो के प्यार है।

जिस रास्ते पे हम चले थे
वो रास्ता अब सुनसान है
मैं हूँ और खामोशी है
मुझ पे हंस रहा संसार है
कह भी दो के प्यार है।

ढूंढने निकला था तुमको
मायूसी मिली बरबादी मिली
आँखे बंद थी तुम रूह-सी दिखीं
कोई कह रहा था जनाज़ा तैयार है
कह भी दो के प्यार है।

●●●

तुम जीत गयीं मैं हार गया

तुम जीत गयीं मैं हार गया

तुम मेरे मन की चाह निरंतर
और मैं आंसू अपनी आँखों का
तुम सपनों को पूरा करती
और मैं सपनों में ही खोया रहा
तुम जीत गयीं मैं हार गया।

तुमने सीखा आगे बढ़ना
और मैं मुड़-मुड़ पीछे देखा किया
मेरे हाथों में से अपना हाथ
न जाने तुमने कब छुड़ा लिया
तुम जीत गयीं मैं हार गया।

फूल जो तुमने मांगे थे
वो मैं तुमको दे न सका
तुम खेली वसंत जी भर
खाली मेरा ऋतुराज गया
तुम जीत गयी मैं हार गया

कुछ कहा नहीं तुमने
मैं भी खामोश रहा
तुम बनी स्वामिनी स्वामी की
और मैं दास तेरी जुदाई का
तुम जीत गयीं मैं हार गया।

•••

खुद से प्यार करो

खुद से प्यार करो
तुम खुद से प्यार करो।

जब दिल तोड़ तुम्हारा कोई
दूर कहीं छिप जाये
तुम पुकारो दिल से उसको
और वह वापस ना आये
तब खुद से प्यार करो
तुम खुद से प्यार करो।

बचपन की बांह पकड़कर कोई
जब जवानी को बेच खाये
तुम आशा रखो हमदर्दी की
और कोई रोने ना आये
तब खुद से प्यार करो
तुम खुद से प्यार करो।

इस जहाँ में जब तुमको
कोई अपना ना मिल पाये
जोड़ रखे थे जो बरसों से
उन रिश्तों में दरार पड़ जाये
तब खुद से प्यार करो
तुम खुद से प्यार करो।

जब छीना-झपटी मची हुई हो
दौलत औरत शौहरत की
तुम ज्ञान बांटना शुरू करो
और कुछ पागल चिल्लायें
तब खुद से प्यार करो
तुम खुद से प्यार करो।

●●●

दीये न बुझने दो आशाओं के

दीये न बुझने दो आशाओं के
भोर कभी तो आयेगी।
तितिक्षा तिमिर की क्षीण हुई
रात ज्यादा नहीं रुक पायेगी।

दीये न बुझने दो आशाओं के
भोर कभी तो आयेगी।

जो रूठे थे बरसों से
बात न थी अरसों से
तुम कोशिश जारी रखना
खामोशी खत्म हो जायेगी।

दीये न बुझने दो आशाओं के
भोर कभी तो आयेगी।

सफलता मुंह मोड़ती हर बार
असफलता आ घेरती हर बार
तुम कोशिश जारी रखना
एक दिन रीत बदल जायेगी।

दीये न बुझने दो आशाओं के
भोर कभी तो आयेगी।

वो खुशी जो हर बार
दुखों से हार जाती है
तुम कोशिश जारी रखना
एक दिन जीत जायेगी।

दीये न बुझने दो आशाओं के
भोर कभी तो आयेगी।

●●●

उम्मीद अभी भी बाकी है

उम्मीद अभी भी बाकी है
इन पथराई-सी आँखों में।

जिया है जीवन अब तक जो
ढोया बोझ भलाई का
नवीन पल्लव खिले हैं कल से
मेरे घर के बागों में।

उम्मीद अभी भी बाकी है
इन पथराई-सी आँखों में।

हर रोज जो देखा करती थी
पर बात कभी न करती थी
दुल्हन बन वो खुशी आ पहुंची
सूखे पड़े ख्यालातों में।

उम्मीद अभी भी बाकी है
इन पथराई सी आँखों में।

चिंता फिक्र से दूर कहीं
सुनसान पड़ा हो जीवन जब
परवाह नहीं रहती है कुछ भी
लोग कहते क्या मेरे बारे में।

उम्मीद अभी भी बाकी है
इन पथराई-सी आँखों में।

●●●

तुमने मुझे कुछ ना दिया

तुमने मुझे कुछ ना दिया, दर्द-ओ-गम के सिवा
इश्क में तेरे आलमे तसव्वुर तक पहुंचा हूँ मैं
इफ्तिकाद में तेरे सहरा दर सहरा भटका हूँ मैं
तहकीके हक में हमें कुछ ना मिला अंधेरों के सिवा
तुमने मुझे कुछ ना दिया, दर्द-ओ-गम के सिवा।

पत्थरों की इबादत से क्या मिलेगा, लोग पूछते हैं हमसे
घड़ी दो घड़ी दिल बहल जाये अगर तो क्या बुरा है
पत्थर जो पूजते हैं हम, उन्हीं से मारते हैं लोग
ताइरे अर्श पे भी हमें कुछ ना मिला खौफ के सिवा
तुमने मुझे कुछ ना दिया, दर्द-ओ-गम के सिवा।

●●●

अफसाना बन गया

बात तो कुछ भी न थी, अफसाना बन गया
दिल टूटा भी न था और तराना बन गया।

इस उजड़े हुए चमन में, क्यों लोग रहने आते हैं
बेवजह क्यों साफ दिल मैला करवाते हैं।

ये हकीकत आलमे फानी (ईश्वर) है
नफीरी (शहनाई) की धुन पर मचलती जवानी है।

मुनासिब है क्या? किसको पता?
कभी इश्क की बातें हैं,
कभी मुनाफात (एक-दूसरे को बर्बाद करना) के सिलसिले है।

●●●

टूटा हुआ दिल

टूटा हुआ दिल
कभी रोता है, कभी गाता है
जो टूट न पाये, उन दिलों से
अपनी एक अलग
पहचान बनाता है।
टूटा हुआ दिल ....

जहाँ में अलग-अलग नामों से जाना जाता है
कोई बेवकूफ कहता है, कोई बीमार कहता है
टूटे हुए दिल की हंसी उड़ाये बगैर कौन रहता है
ये सब कुछ सहता है, फिर भी चुप रहता है।
टूटा हुआ दिल ....

दिल टूटता है, एक साज़ बनता है
जो मासूमीयत बचपन में खो गयी थी
वो फिर से लौट आती है
मासूम-से दिल को लेकर
उम्र-भर दुनिया से लड़ता है।
टूटा हुआ दिल...

इस दुनिया में आकर
कोई जीत जाता है, कोई हार जाता है
बनने की चाह में, हर कोई मिट जाता है
वो न जीतता है, न हारता है
इस दुनिया की भीड़ से अलग
एक सूनी सी राह पर, दर्द-ओ-गम के निशां छोड़ जाता है।
टूटा हुआ दिल ...

●●●

किस मोड़ से मुड़े थे

किस मोड़ से मुड़े थे
कि राह बदल गयी
खता किसकी थी
कि दिल से आह निकल गयी
सारी हसरतें अब तमाम हो गयीं
यूँ ही ढलते-ढ़लते शाम हो गयी।

समंदर से मिलने की आरज़ू थी
पर्वत की उंगली पकड़ कर चले थे
दो कदम भी न चले
कि पर्वत थक गया
किसी ने कहा
बादलों के संग उड़ो
वो समंदर से ही आते हैं
और खाली होकर वहीं पहुँच जाते हैं।

हम बादलों के संग हो लिए
भरोसे की लहर बन के उड़े
खाली बादल कब तक हमारा बोझ सहते
ऊपर से गिराए बगैर कब तक रहते।

किस मोड़ से मुड़े थे
कि राह बदल गयी
खता किसकी थी
कि दिल से आह निकल गयी

सारी हसरतें अब तमाम हो गयीं
यूँ हीं ढलते-ढलते शाम हो गयी।

किसी ने कहा
नदी के संग बहो
वो तुम्हें समंदर तक पहुंचा देगी
हम नदी के संग हो लिए
उसकी बाँहों में बह लिए
वो भी रेगिस्तान में जाकर सूख गयी।

किस मोड़ से मुड़े थे
कि राह बदल गयी
खता किसकी थी
कि दिल से आह निकल गयी
सारी हसरतें अब तमाम हो गयीं
यूँ ही ढलते-ढलते शाम हो गयी।

किसी ने कहा
क्यूँ दूसरों पर भरोसा करते हो
धैर्य रखो दिल में
और दक्षिण दिशा में आगे बढ़ते जाओ
समंदर तक पहुँच जाओगे
हमने अपनी यात्रा प्रारंभ की
रास्ते के बीहड़ जंगल में रास्ता भटक गये
जहाँ से चले थे वहीं पहुँच गये।

किस मोड़ से मुड़े थे
कि राह बदल गयी

खता किसकी थी
कि दिल से आह निकल गयी
सारी हसरतें अब तमाम हो गयीं
यूँ ही ढ़लते-ढ़लते शाम हो गयी।

अब हम चले कारवां को संग लेकर
लक्ष्य तक पहुँचने के सारे प्रमाण लेकर
रास्ते में खाना खत्म हो गया
कारवां ने खुद को ही लूटना शुरू कर दिया
हमने भी भागकर एक गुफा में शरण ली।

किस मोड़ से मुड़े थे
कि राह बदल गयी
खता किसकी थी
कि दिल से आह निकल गयी
सारी हसरतें अब तमाम हो गयीं
यूँ ही ढलते-ढलते शाम हो गयी।

•••

सपने अगर सच हो भी जायें

सपने अगर सच हो भी जायें
जो कल न थे आज अपने हो भी जायें
मिल जाये सब वो जो छूट गया था
जुड़ जाये सब वो जो टूट गया था।

सर्वोत्तम सुन्दरता का भोग लगा
तुम संतुष्टि की साँस भरो (पुरुष)
या संग कुबेर के ब्याह रचा
समृद्धि का संचय करो (स्त्री)।

सीख न पाओगे फिर भी
सपनों को काबू में करना
एक पूरा होगा दूजा पैदा हो जायेगा।
फिर चल पड़ोगे खोज में असंतुष्टों की दौड़ में।

भागते-दौड़ते यूं ही एक दिन मौत आयेगी
रोकेंगे सब पर रुक न पायेगी
सपने लगेंगे सब अधूरे
और चारों तरफ बिखरी होगी असंतुष्टि।

•••

गीत कैसे सुनाऊं ?

हैं हृदय के घाव गहरे
बिन शब्द भाव विह्वलता ही ठहरे
बिन शब्दों के क्या राग गाऊं
गीत कैसे सुनाऊं ?

आपदा जब आ पड़ी थी
भूख मुंह बाये खड़ी थी
असफलता अपनी किसको बताऊँ
गीत कैसे सुनाऊं?

निराशा ने आशा को घेरा
मिट न पाया जीवन का अँधेरा
दुर्भाग्य को जो नष्ट कर दे वो दीप कैसे जलाऊँ
गीत कैसे सुनाऊं?

●●●

भूलो बीती बातें

भूलो बीती बातें, जो दु:ख दें वो यादें

दो बूंद नहीं तुम्हारे आंसू
वेग है इनमें नदियों का
रोना है, जी भर रो लो तुम
समय लगेगा सदियों का।
भूलो बीती बातें, जो दु:ख दें वो यादें

संसार खड़ा समक्ष तुम्हारे
अनगिनत खुशियों की सौगात लिये
तुम बंधक निजता और विफलता के
रोते आँखों में समंदर की खार लिये।
भूलो बीती बातें, जो दु:ख दें वो यादें

अज्ञेय हो तुम, अटूट इरादे हैं
योद्धा बन इतिहास रचो
विश्व अनुगमन करे तुम्हारा
स्वयं से करने तुमको वादे हैं।
भूलों बीती बातें, जो दु:ख दें वो यादें

इन्तजार तेरा, मरने के बाद भी होगा

रुकी-रुकी-सी सांसों को
हर आहट पे लगता है के तू आई।

तू जब से छोड़ गई थी
मासूम से दिल को तोड़ गयी थी
तब से फैली है जीवन में तन्हाई।
रुकी-रुकी-सी सांसों को
हर आहट पे लगता है के तू आई।

फरिश्ता बना दे मुझको खुदा
या तख्त-ओ-ताज पर बिठा दे
वापस कर दूं सब कुछ
खत्म कर दे मुझसे तेरी जुदाई।

रुकी-रुकी सी सांसों को
हर आहट पे लगता है के तू आई।

इन्तजार तेरा, मरने के बाद भी होगा
जिस्म जलेगा, रूह कहाँ जलेगी
बैठी रहेगी उस रास्ते पर
जहाँ से जनाजे जाते हैं
रो उठेगी, जब तेरी बारी आई।

रुकी-रुकी-सी सांसों को
हर आहट पे लगता है के तू आई।

•••

नहीं अब कुछ भी नहीं

नहीं अब कुछ भी नहीं
ना प्रेम तुम्हारी आँखों में
ना विश्वास तुम्हारी बातों में।

टूट गए वो सारे सपने
जो मुझको दिखलाये थे
तेरी प्यारी बातों ने।

नहीं अब कुछ भी नहीं
ना प्रेम तुम्हारी आँखों में
ना विश्वास तुम्हारी बातों में।

जीवन तेरा अग्निपथ हो
या फूलों की सेज बने
संसार तुम्हारा सेवक हो
या तू सेवक की दासी बने।

सारे बंधन तोड़ चुका
हाँ मैं तुझको छोड़ चुका।

नहीं अब कुछ भी नहीं
ना प्रेम तुम्हारी आँखों में
ना विश्वास तुम्हारी बातों में।

सुख है क्या और दुःख है क्या
प्रेम ना हो तो जीवन क्या
जीवन विफल हो चुका
होता अब भी विस्वास नहीं।

नहीं अब कुछ भी नहीं
ना प्रेम तुम्हारी आँखों में
ना विश्वास तुम्हारी बातों में।

कैसे कर लेते हो तुम ये पल-भर में
जो कर ना सका मैं जीवन-भर में
अपने सुख की खातिर
किसी के अरमानों का होता अंत नहीं।

नहीं अब कुछ भी नहीं
ना प्रेम तुम्हारी आँखों में
ना विश्वास तुम्हारी बातों में।

●●●

वो लड़की अगर मिल जाती

वो लड़की जो तुमको मिल न सकी, अगर मिल जाती
चाहत, जो अधूरापन है
हर दिन बढ़ता जाता है
क्या इस अधूरेपन को वो पूरा कर पाती?

वो लड़की जो तुमको मिल न सकी, अगर मिल जाती।

जिन्दगी, एक रास्ता है काँटों भरा
गैरों से निपटना सब जानते हैं
अफसोस है, छीनता है वही जो अपना है यहाँ
जिन्दगी, हकीकत है सपनों की
हर दिल के सपने होते हैं
वो तुम्हारे सपनों को पूरा करती
या अपने सपने तुमसे पूरे करवाती।

वो लड़की जो तुमको मिल न सकी, अगर मिल जाती।

जिन्दगी, एक लम्बा सफर है
खुश रहकर काटो, तो ही अच्छा है
दुखी मन से काटोगे, देर लगेगी
मिल जाता है सब कुछ
पर कुछ हासिल नहीं होता
वो जो तुम, हासिल न कर सके क्या तुमको दे पाती।

लड़की जो तुमको मिल न सकी, अगर मिल जाती।

●●●

जिन्दगी की ये डगर

जिन्दगी की ये डगर
ले गयी तुझको जाने किधर

फिक्र है, फुरसत नहीं
पैसा है, इज्जत नहीं
वो जिसने तुझे पैदा किया था
जानवर नहीं इन्सान है तू
ये तुझको ओहदा दिया था।

रात-भर पैरों में माँ के दर्द रहता है
आगे बढ़ना है मुझको, तू इसी धुन में रहता है
वो जिसने तुझको पैदा किया था
ठोकरें खाता रहता तू अगर
वो आगे बढ़ गया होता।

वो बाप तेरा आज भी तेरी राह देखता है
तू दुखी न हो कहीं, उसे हर वक्त ये ही दर्द रहता है
उम्मीद नहीं है तुझसे कुछ, बस दुआ है
खुदा का शुक्र है, के तू पैदा हुआ है।

पर तू है कहाँ ?
मैं जब भी देखता हूँ तुझको, तू नज़र आता है मुझको
नाराज गर्लफ्रेंड के नखरे उठाता
इन्टरनेट पर अश्लीलता से नज़रें मिलाता।

ज़िन्दगी की ये डगर
ले गयी तुझको जाने किधर

•••

भाग्य मेरे तुम अनदेखे अनजाने

भाग्य मेरे तुम अनदेखे अनजाने
पूर्व जन्म का फल समझूँ
या परिणाम कहूँ परिश्रम का
पक्षपात की पीड़ा हो
या हो लालच का खंजर पीठ में घुसा हुआ

ये खेल तुम्हारे
कोई क्या जाने
भाग्य मेरे
तुम अनदेखे अनजाने।

मित्र बनो मेरे
क्यूँ मुझ पर चिल्लाते हो
अस्तित्व तुम्हारा मुझसे है
मिटा मुझको, क्यों खुद को मिटाते हो?

हल्की-सी हँसी से भी
लगते हो बड़े सुहाने
भाग्य मेरे
तुम अनदेखे अनजाने।

संघर्ष हो तुम या सुख हो तुम
या रूप रंग की नगरी के सेवक हो तुम
क्रोधित न करना मुझको
न खून खौलाना मेरा

वरना लगा दूंगा
तुम्हारे होश ठिकाने
भाग्य मेरे
तुम अनदेखे अनजाने।

●●●

प्रेम मुझे न बांधो तुम

प्रेम मुझे न बांधो तुम
सच और झूठ के धागों में।

छोड़ आया हूँ सब कुछ अपना
जीवन पथ पर चलने को
मार्ग न रोको तुम बाधा बनकर
क्यूँ उलझाते उलझन में।

प्रेम मुझे न बांधो तुम
सच और झूठ के धागों में।

तुम प्रबल हो प्रखर हो
और मैं दुर्बल-सा दीवाना
हारा हर नर तुमसे
भागे कहाँ अभागा।

प्रेम मुझे न बांधो तुम
सच और झूठ के धागों में।

बड़े-बड़े बुद्धिमान भी
तेरे भ्रम में पड़ते हैं
बीत गया है जीवन पूरा
फिर भी आहें भरते हैं।

प्रेम मुझे न बांधो तुम
सच और झूठ के धागों में।

जल चुके परवाने कितने
हिसाब-किताब नहीं पास मेरे
देखो मुझको न देखो तुम
वरना सफलता होगी मेरी अधर में।

प्रेम मुझे न बांधों तुम
सच और झूठ के धागों में।

●●●

मछली का घर

मछली का घर
सागर का जल
न कोई चिंता
न कोई डर
मस्ती से दिन रहे गुजर
अचानक एक मिसाइल
सागर में आ पड़ी
कई लाख मछलियाँ
और सागर के जीव मारे गये
ये अक्सर होता रहता है
विनाशकारी हथियारों की दौड़
परिणाम है इन्सान से इन्सान के डर का
सीख है सदियों की गुलामी की
जानें जाती हैं तो जायें
किसकी गलती है? कोई तो बताये?

•••

आज फिर धमाका हुआ

आज फिर धमाका हुआ
खून से लथपथ लोग
बहुत डरे हुए, बिल्कुल बेसहारा-सा महसूस कर रहे थे
सोच रहे थे किस बात की कीमत चुकाई है हमने
भारतीय होने की?
जीना अब आसान नहीं रहा
सिर्फ जीने के लिए ही
सुबह से रात तक काम करना पड़ता है
क्या ये अचानक से हुई मौतें
मुक्ति है जीवन के संघर्ष से?
दरअसल ये मौतें न तो मुक्ति हैं
और न कीमत हैं किसी राष्ट्र का नागरिक होने की
ये सबूत है इस बात का, कि कोई न कोई है
जो अपना काम सही से नहीं कर रहा है
वो जिसे जिम्मा दिया गया है
नागरिकों की सुरक्षा का
वो भूल गया है शायद
कि ये बेगुनाह जो हर बार मारे जाते हैं
ये बच सकते थे अगर
उसने इनकी इतनी ही हिफाजत की होती
जितनी वो अपने परिवार वालों की करता है
बनारस, मुंबई, दिल्ली शहर दर शहर
आखिर कब तब
2015 , 2020 , 2050
कोई जवाब है आपके पास

या ये देश कभी महफूज नहीं होगा
क्योंकि आपके अन्दर वो आग नहीं
जो दुश्मन को जला सके
आप बड़ी विपरीत परिस्थितियों में
धैर्य बनाये रखते हैं
और हर धमाके के बाद
बड़ी विनम्रता से
स्थिति की जानकारी देते हैं।

(समाप्त)

●●●